Schlüsselsätze für Schätze

Cornelius Bless

© 2022, Cornelius Bless
Herstellung und Verlag: BoD
– Books on Demand,
Norderstedt

ISBN 9783756232352

Cornelius Bless wurde 1956 in Heide/Holstein geboren, machte eine Ausbildung zum Diakon und einen Hochschulabschluss im Fach Philosophie an der Universität Hamburg, Nebenfächer waren Psychologie und Theologie.

Seine Magisterarbeit schrieb er über Nietzsches Philosophie der Freundschaft.

Der Autor ist auch Verfasser zahlreicher Reime und Mach-mit-Geschichten für Kinder von circa 3-10 Jahren.

Seit fünfzehn Jahren ist Cornelius Bless in der Hamburger Kultur- und Nachtszene bekannt als so genannter Laternenmann und verbreitet Weisheiten aus drei Jahrtausenden.

Foto & Umschlag: Katharina Mumme
Bearbeitung: André Reinhardt
Lektorat: Heike Mumme,
Renate Reinhardt, geb. Bless
Hamburg, 3. Auflage 2022

Herausgeberin: Renate Reinhardt

Meinen Eltern

Herzensdank

Ich danke allen,
die das Entstehen
meines Buchprojektes
eingeleitet haben:
Leute, die mir im Laternenschein begegnet
sind und mich inspiriert und ermutigt haben.

Insbesondere
wurde ich bei der Umsetzung
unterstützt von
Katharina Mumme,
Heike Mumme,
Renate Reinhardt, geb. Bless,
Stefan Heitzmann,
Anette Harmoinen

Inhalt

Warum dieses Buch?

Ich werde oft nach
guten Büchern gefragt.

Die Bücher, die mich
bereichert haben, kann ich
nur bedingt weiterempfehlen.
Oft berühren mich nur wenige Passagen.

Viele Bücher leiden unter „Wortgewimmel",
um ein Wort Franz Kafkas zu gebrauchen,
oder sie sind schwer zugänglich.

Mit meinem Buch möchte ich
mit einfachen Worten
wach machen für Wertvolles,
für Lichtblicke, die begleiten.

Ich möchte
die bedeutsamen Lebensthemen
der jungen Generation berühren.

Jung sind für mich diejenigen,
die noch Fragen haben
und für Neues aufgeschlossen sind.

Schlüsselsätze für Schätze ?

Ich möchte einladen, Schlüsselsätze
aus verschiedenen Epochen und Kulturen
zu entdecken, vielleicht neu zu verstehen
und im Herzen zu bewegen.

Schlüsselsätze sind für mich
Leuchtfeuer der Lebenskunst.

Sie können mich und meinen Weg
entwirren, erwärmen und erhellen.

Was genau ein Schlüsselsatz ist,
kann jeder für sich selbst entscheiden.

Ich möchte einen Schlüsselsatz nennen,
der für mich und
dieses Buch maßgebend ist:

„In der Schatzkammer deiner Seele
liegen unendlich kostbare Dinge,
die niemand dir fortnehmen kann."

Diese Zeilen formulierte Oskar Wilde
in Anlehnung an Jesus.

Mit diesem Schlüsselsatz
sind viele meiner Weisheiten verbunden.

Was ich mit diesem Satz verbinde,
soll nach und nach erhellt werden.

Schlüsselsätze und Schlüsselfragen stehen
für mich in einem geschwisterlichen
Verhältnis.

Schlüsselfragen können meinen Blick
schärfen und weiten für Wesentliches.

Ich habe einige Schlüsselfragen formuliert,
die in zahlreichen Gesprächen,
mehr oder weniger offenkundig,
eine Rolle spielen.

Es gibt Schlüsselsätze, die ihre Leuchtkraft
erst dann entfalten können,
wenn sie im Lichtkegel
einer Schlüsselfrage oder anderer Weisheiten
wahrgenommen und verstanden werden.

Blitzlicht: Laternenmann

„ Nachtwächter", „Laternenmann"
oder „ Cornelius":
Ich höre unterschiedliche Namen,
wenn ich nachts
in idyllischen Nischen,
im Getümmel und Getöse,
in kühlen, warmen oder
heißen Ecken in Hamburg-Ottensen,
dem Schanzenviertel oder auf dem Kiez
meine Laterne hochhalte.

Einige kennen mich seit meinen Anfängen.

Ich erinnere mich
an meine erste Laternennacht
an einem Spätsommerabend.

Mulmige Gefühle machten sich in mir breit.
Irgendetwas schien mich zu lähmen.

Ich radelte erstmal um einen
Ottensener Häuserblock vorbei an der Fabrik
und
driftete in die dunstig duftende Aura einer
kultig
anmutenden Kneipe,
die mit dem stimmigen Namen
„Querbeet" verquickt war.

Es dauerte wohl eine halbe Stunde bis ich mich
entschloss, meine Laterne in einer Seitengasse
auszupacken und startklar zu machen.

Zaghaft näherte ich mich der
Klimazone des Kneipenbiotops.

Als ich meine Laterne in die erste Dunstwolke
schwenkte, merkte ich,
dass sich jemand, mir zugewandt, die Augen rieb
und sogleich wissen wollte, was ich mit der
Laterne vorhabe.

Gerne klärte ich ihn auf, dass ich Weisheiten aus
drei Jahrtausenden gesammelt habe, und dass die
Personen, die auf meiner Laterne abgebildet sind,
in meiner Kartensammlung als Autoren
vertreten sind.
Der exotische Typ, der mich an
Woodstock erinnerte, zog daraufhin eine Karte.

Ich glaube, er hatte Einstein erwischt:

„Inmitten
der Schwierigkeit
wohnt die Möglichkeit.“

Wohlwollend kommentierte er die Karte und
schien erfreut darüber zu sein,
dass er den weisen Nobelpreisträger gezogen
hatte.

In der idyllischen Kneipe „Insbeth",
die es leider nicht mehr gibt, wurde ich von
Frauengrüppchen überrascht, die einen
hohen
Inspirationsbedarf signalisierten und auf
meine
Karten dankbar reagierten.

Diese oder ähnliche Erfahrungen bestärkten
mich
darin, mit meiner Laterne weiter zu wandeln.

Seit fünfzehn Jahren bin ich mit meiner
Laterne
auf Tour und einigen tausend Leuten
begegnet.
Leute, die andeuten, dass sie nichts haben,
bekommen eine Karte geschenkt, die anderen
geben, was sie möchten.

Jede Laternennacht wirkt auf mich
wie eine Wundertüte.
Ich begegne Leuten von circa 17 bis circa 77
Jahren,
vom Klempner bis zum Professor der
Literatur.

Da feiert jemand seinen runden Geburtstag,
seine bevorstehende Weltreise oder den
neuen Job im Ausland.

Die Freude ist besonders groß,
wenn ich beim nächsten runden Geburtstag
oder bei der Heimkehrfeier nach der
Traumreise
oder beim Hamburgbesuch derer,
die mittlerweile in Spanien oder China
wohnen,
wieder aufkreuze.

Ähnlich fröhlich sind die Begegnungen mit
Paaren,
die öfter eine Karte in ihrer Kennenlernphase
gezogen haben
und mich auf ihrer Verlobung
oder Hochzeit wieder treffen.

Ich schlage Ihnen meistens vor,
gemeinsam einen Spruch zu ziehen.
Wenn sie dann an eine Liebesweisheit
geraten, ist das Pärchen doppelt beglückt.

Manchmal begegne ich einem Mann,
der gerade Vater geworden ist und
nach einem Leitspruch für sich
und seine Familie sucht.

Manche Frauen deuten klar
ihre Befindlichkeit an:
„Ich bin verliebt, verwirrt, genervt,
mein Freund ist fremd gegangen."

Verständlicherweise wünschen sie
sich einen Spruch,
der in ihre Herzenslandschaft passt.

Einige äußern den Wunsch,
dass ich ihnen eine Karte aussuche.

Manchmal erfahre ich den konkreten
Hintergrund
einer Begegnung erst Jahre später.

Jemand berichtet mir, dass er kurz vor einer
schweren Operation stand und
Mut und Zuversicht
in der Weisheitskarte suchte und aus ihr
schöpfte.

Manchmal wird mir mitgeteilt, dass ein
Spruch für
einen Krankenhausbesuch benötigt wird.
„Unser Freund hat Krebs", wird mir mitgeteilt.

Es bewegt mich, wenn vier Leute
lebensbegleitende Weisheiten
für ein zehnjähriges Kind möchten,
das gerade seine Mutter verloren hat.

Auch komme ich in Kreise,
in denen kaum einer deutsch spricht.
Eine afrikanische Theatergruppe wird
auf mich aufmerksam, einige freuen sich über
ein Bild von Nelson Mandela auf meiner
Laterne.

Eine Frau übersetzt
zwölf Weisheiten ins Französische.
Besonders beglückt ist jemand
über ein Sprichwort aus Afrika:

„Wende dich der Sonne zu,
dann fallen die Schatten hinter dich."

Je jünger die Leute sind,
desto häufiger wünschen
sich die Leute eine Kurzinterpretation
zu einem Spruch.

Manchmal stoße ich auf Leute, die mich vom
Poetry Slam her kennen.

In den Neunziger Jahren habe ich in mehreren
deutschen Städten Hamburg beim
Dichterwettstreit
namens Poetry Slam vertreten.

Mein Vater Hans Christian inspirierte
mich zu meinen poetischen Anwandlungen.
Zu feierlichen Anlässen gab er regelmäßig
seine Reimkünste zum Besten.

Als Laternenmann spielte ich
in dem Theaterstück „Die Ratten"
von Gerhard Hauptmann mit.

Wenn ich beim Vogelgezwitscher
nach Hause komme,
habe ich das beglückende Gefühl,
dass meine Laternengänge
andere erfreut und bereichert haben.

Einige Karten, so wird mir berichtet,
landen an einem Spiegel,
auf einem Schreibtisch oder in einem
Smartphone und werden verschickt,
z.B. nach Bielefeld oder Neuseeland.

Es gibt auch Leute, die die gesammelten
Weisheitskarten Weihnachten weiter
verschenken
oder an Teilnehmer eines Yogakurses
in Spanien, wie ich kürzlich erfuhr.

Mir wird mitgeteilt: „Jeden Morgen, wenn ich
meine Mettwurst aus dem Kühlschrank hole,
lese ich den Spruch von dir und
ich fühl mich gut."

Was fällt mir zur Laterne ein?

Auf meiner Laterne sind
überwiegend Personen zu sehen,
mit denen ich mich näher beschäftigt habe.

Von den meisten habe ich Biografien, Briefe
oder Tagebuchnotizen gelesen.

Sie sind für mich Vorbilder
für ein authentisches Leben
und Menschlichkeit:

Hermann Hesse, Paula Modersohn-Becker,
Mahatma Gandhi, Martin Luther King,
Nelson Mandela, Sophie Scholl,
Hanna Arendt,
Anne Frank, Maria von Wedemeyer und
Dietrich Bonhoeffer,
um nur einige zu nennen.

Meine Laterne löst bei einigen den Impuls
aus,
die Profile genau zu betrachten und die
Namen
zu nennen oder zu erraten, die mit ihnen
verbunden sind.

Eine ungewöhnliche Erfahrung machte ich bei
einem Laternengang im Schanzenviertel.

Eine junge Frau zeigte in Richtung
Bild von Dietrich Bonhoeffer auf meiner
Laterne
mit den Worten:
„ Mit dem bin ich verwandt."

Ich stutzte und hakte nach.
Mir wurde mitgeteilt, dass sie
mit der Verlobten Bonhoeffers,
Maria von Wedemeyer, verwandt sei.

Ergänzend bemerkte sie, dass
die Schwester der Verlobten Bonhoeffers
in Hamburg- Eppendorf lebe
und sich über einen Besuch
von mir bestimmt freuen würde.

Wenige Wochen später besuchte ich
Ruth Alice von Bismarck.

Sie ist die Herausgeberin der vielbeachteten
„Brautbriefe" von Maria von Wedemeyer
und Dietrich Bonhoeffer.

Aus einem Besuch wurden
regelmäßige und warmherzige Begegnungen.

Ich beschäftigte mich intensiver
mit den Brautbriefen und wurde
von ihnen inspiriert, Schritte
einer einzigartigen Spurensuche zu machen.

Im Sommer 2009 fuhr ich mit einigen
Freunden
in eine Landschaft, die man einst
Westpommern
nannte und die heute zu Polen gehört:
„Pätzig" hieß der Ort,
in dem die Familie von Wedemeyer
bis kurz vor Kriegsende lebte und
„Finkenwalde" das Dorf, in dem Bonhoeffer
wirkte.

Ruth Alice von Bismarck
lud mich zu ihrem neunzigsten Geburtstag ein
und sagte vor der Verabschiedung einen Satz,
den ich in meine Sammlung aufgenommen
habe:

„Wir wissen nicht,
was kommen wird.
Wir erwarten das Gute!"

Ich habe erlebt, dass diese Zeilen
Menschen bereichert haben,
die sich in einer dunklen Lebenslage wähnten.

Ich war mit meiner Laterne auch
in Krankenhäusern,
auf Trauerfeiern und in einem Hospiz.

Was heißt Lesen?

Warum ist mir diese Frage wichtig?

Sätze zu überfliegen und mit Worthülsen
um mich zu werfen,
habe ich gelernt,
aber nicht ein verstehendes Lesen,
das der Tiefe
bedeutsamer Texte und
der eigenen Herzenstiefe
gerecht wird.

Wer langsamer und behutsamer liest,
versteht und gewinnt mehr.

Besonders, wenn jemand die
Frage im Hinterkopf hat:

Welcher Wahrheitsgehalt steckt
für mich in dieser Weisheit?

Für mich ist
nicht die Frage entscheidend,
ob ich eine Weisheit ganz bejahen kann,
sondern welchen Nährwert ich
für mich aus ihr ziehe.

Wer mit kritischer Abweisung beginnt,
kann sich einen Zugang verbauen.

Lesen heißt für mich
in erster Linie,
mit wachem Herzen zu lesen.

Dazu passt die Erinnerung Gandhis:

„ Ohne Herz haben Worte
keine Bedeutung.“

Für den bedeutenden jüdischen Lehrer
Abraham Heschel sind
wichtige Worte Schatzkammern des Geistes.

Demnach haben Schlüsselworte
eine Außen- und eine Innenseite,
eine Fassade und eine Schatzkammer.

Oft ist ein wertschätzendes Feingefühl
vonnöten,
um mit dem Innenraum eines Wortes
in Tuchfühlung zu kommen.

Als Beispiel möchte ich die Worte
Liebe und *Frieden* nennen.

Diese Worte werden tausendfach
gehört oder gelesen und man ist geneigt,
sie ebenso flach oder vage zu verstehen,
wie sie oft verwendet werden.

Ich empfinde es manchmal als hilfreich,
diese vielgehörten Worte im Klangraum
einer anderen Sprache neu zu hören.

So habe ich es als bereichernd empfunden,
mich mit dem hebräischen Wort „Shalom"
und mit dem arabischen Wort „Salam"
zu beschäftigen.

Beide Ausdrücke werden meist mit Frieden
übersetzt. Sie sind jedoch viel facettenreicher.

Deshalb sollten wir Schlüsselworten
behutsam und mit Ehrfurcht begegnen.

Sie können mehr enthalten,
als wir zu erfassen vermögen.

Wichtige Worte
sind für mich wie Saatkörner.
Sie können Wurzeln schlagen,
wachsen und Halt geben,
wenn wir ihnen Raum schenken.

Wie frei bin ich ?

„Die Gedanken sind frei", so lautet
der Titel eines Volksliedes, das im
Nationalsozialismus verboten war.

Dieses Lied lädt mich ein,
meine Denkfreiheit zu entdecken
und ins Spiel zu bringen.

Ich kann mein Denken
klären und lenken.

Oft bin ich nicht Herr
meiner Gedanken und Worte.
Es denkt in mir.
Ich werde von Gedanken heimgesucht,
die ich nicht denken möchte.

Jedoch habe ich die Fähigkeit,
mich vom inneren Gedankenlärm zu lösen
und kann eine andere Melodie anstimmen.

Vor einigen Jahren lernte ich das Wort
Herzgeist kennen und schätzen.

Dieses Wort steht für die Fähigkeit,
meinen Bewusstseinsraum zu formen.

Ich bin in der Lage,
meine inneren
Herz- und Wolkenlandschaften liebevoll
wahrzunehmen und anzunehmen.

Ich kann meine innere Befindlichkeit
entscheidend beeinflussen,
auch meine Gefühle.

Vor dem Hintergrund seiner Erfahrungen im
KZ
schreibt der bedeutende Psychologe
Victor Frankl:

„Der Mensch ist das Wesen,
das immer entscheidet, was es ist."

Ich entscheide auch, was ich wahrnehmen
und verinnerlichen will.

Wie ich mich und meine Situation
definiere, hängt von mir ab.

So werde ich zum Schöpfer meiner selbst
und zum Schöpfer eines sinnerfüllten Lebens.

Diese Herzgeistfähigkeit leuchtet
in der Weisheit des stoischen Philosophen
Marc Aurel auf:

„ Das Glück deines Lebens hängt
von der Beschaffenheit deiner Gedanken ab."

Die Essenz dieser Weisheit
bringt Klaus Kinski in seiner Sprach- und
Fühlwelt auf den Punkt, wenn er feststellt:
„Wer mich nervt, entscheide immer noch ich".

Ich möchte noch
auf eine andere Freiheitsfacette verweisen:

1878 flüchtete Friedrich Nietzsche in die
Berge, um sich von Ballast zu befreien.

An eine Freundin schrieb er 1878:
„ Jetzt schüttle ich ab, was nicht zu mir
gehört:
Menschen, (…), Gewohnheiten, Bücher."

Indem ich mir ein Umfeld wähle,
das für meine Sammlung
und Selbstbesinnung förderlich ist,
kann ich klarer sichten,
was mir guttut und was nicht.

Wer sich selbst erkunden und entfalten
möchte, sollte immer wieder auf
günstige Rahmenbedingungen achten.

Theodor Fontane deutet diese Einsicht
in der Weisheit an:

„Es ist gut sein Leben so einzurichten,
dass einem das Ziel entgegenkommt."

Neben den äußeren Bedingungen sollten wir
die inneren nicht vergessen,
unsere Denk- und Fühlgewohnheiten.

Umfrage: Wer bin ich?

Ich habe einigen Leuten die Frage gestellt:
„Welche Stichworte fallen dir zur Frage:
„Wer bin ich" ein ?"

Manchmal machte ich
die ergänzende Bemerkung:
„ Beziehe die Frage auf dich.
Ein bis zwei Stichworte reichen."

Folgende Antworten nenne ich:

„ Schwierig,
danach suche ich,
Hamburger Jung,
Träumerin,
bunte Vielfalt,

was ich war,
blau,
kompliziert,
mein Herz geben,

ambivalent,
independent,
mein Name,
geiler Gedanke,
schwierige Frage,

alles und jeder,
kleine, große Frage,
Kaleidoskop,
Teil des Ganzen,
Produkt meiner Umwelt,

einmalig,
meine Mitte,
Hechtsuppe,
verwirrter Mann,
langer Weg.

Gottes Kind,
ich bin ich,
Individuum,
Charakter."

Wer bin ich wirklich?

Die Frage: "Wer bin ich?"
habe ich mir oft gestellt und
im Laufe meiner Lebensgeschichte
unterschiedliche Antworten ins Feld geführt.

Als Fünfjähriger hätte ich
„Indianer" gesagt,
als
Zehnjähriger „Fußballspieler",
als
Fünfzehnjähriger „Sünder",
als
Zwanzigjähriger „Subjekt".

Im Rahmen meiner Umfrage
fragte mich eine junge Frau,
was mir zur „Wer-bin-Frage" einfällt?

Ich hatte mehrere Ausdrücke auf der Zunge,
entschied mich jedoch für ein Wort:
„Flamme".

Was ich damit verbinde,
möchte ich kurz andeuten.

Wenn ich das Wort *Flamme*
in meinem Herzen bewege,
besinne ich mich auf mein Potenzial.

Ich kann mich erhellen,
mich spüren und beleuchten,
kann mich wahrnehmen und verstehen,
dunkle und helle Seiten.

Meine innere Flamme,
kann zum Leuchtfeuer werden
und mir Orientierung schenken.

Flammen können erwärmen,
mich und andere.

Sie können eine Quelle der Kraft und Energie
sein.

Flammen können sich ausbreiten.
Ich kann nicht nur mich,
ich kann auch andere entzünden.

Mein Denken, Fühlen, Reden
und Tun wirkt auf andere.

Die „Wer-bin-ich-Frage" kann wachmachen
für das, was wir mit dem Wörtchen ‚ich'
verbinden.

Der indische Lehrer Ramana Maharishi rückte
diese Frage in den Mittelpunkt seiner
Meditationen.

Wer sich meditierend
mit dieser Frage beschäftigt,
beschreitet einen Stufenweg,
der von der Wahrnehmung der Fassade
zum Spüren der eigenen Tiefe oder
Mitte führen kann.

Dementsprechend betont Mahatma Ghandi:
„Je mehr der Mensch sein Selbst erkennt,
umso größer ist sein Fortschritt."

Wir haben die Neigung, unser Ego
aufzublähen
und in den Mittelpunkt zu stellen.

Ram Dass, ein ehemaliger Psychologie -
Professor
und bekannter Schüler von
Ramana Maharishi
befindet in dem Buch „Die Reise geht weiter“:

„Unser Schauspieler-Ego identifiziert sich
mit den verschiedenen im Leben
gespielten Rollen und bezieht sein
Selbstwertgefühl aus seinen Leistungen.

Indem wir lernen,
in unserer Seelen - Identität zu ruhen,
befreien wir uns selbst und unsere Umgebung
von der Polarisation zwischen Jugend und
Alter.“

Wichtig an diesen Zeilen finde ich zunächst
die Einsicht,
dass wir mehr sind als unser ‚Schauspieler -
Ego‘.

Was zählt ist das Echte.
Insbesondere von indischen Lehrern habe ich
gelernt, dass das Selbst oder die Seele
der tragende Bezugspunkt
meiner Lebensvollzüge sein sollte.

Ich habe einen Körper,
ich bin eine Seele.

Selbsterkenntnis ist
nicht ohne Demut möglich.

Das Wort ‚Demut' wird selten gebraucht
und wird meistens negativ besetzt.

Was eine positive verstandene Demut sein
kann,
hat der Friedensnobelpreisträger
Dag Hammarskjöld am 29.7.1959
in seinem Tagebuch notiert:

„Demut ist der Gegensatz
zur Selbstdemütigung
wie zur Selbsterhebung.
Demut heißt sich nicht vergleichen."

Eine so verstandene Demut ist verquickt
mit Freiheit und Selbstbewusstsein.

Ich bin unabhängig von den Meinungen,
Erwartungen und Maßstäben der anderen.

Die Stärke meines Selbstbewusstseins
wurzelt nicht in anderen oder in Dingen,
sondern in mir.

Echte Demut ist
wache und weite Selbstliebe.
Sie sensibilisiert mich
für die Verbundenheit allen Lebens.

Gelebte Demut ist Sanftmut.
Sanftmut ist eine Facette mitfühlender Liebe.

Ich möchte an dieser Stelle eine Philosophin
nennen, die mich sehr bereichert hat.
Sie ist in Hamburg geboren und heißt
Margarete Susman.

Sie war unter anderem befreundet mit
Martin Buber,
Ernst Bloch und Gustav Landauer.

Im Briefwechsel mit Landauer spielt
ein schmales Buch eine Rolle,
das Margarete Susmann 1912 veröffentlichte
und den ungewöhnlichen Titel
„Vom Sinn der Liebe" trägt.

Sie beantwortet die *Wer-bin-ich-Frage*
kurz und bündig:

„Wir sind alle Liebende
unserem Wesen nach."

Für Margarete Susmann ist Liebe
die Urkraft des Lebens,
die alle menschlichen Verhältnisse
zu durchdringen vermag.

Sie zielt auf das Ganze der Lebensvollzüge
und auf den Einklang im Miteinander.

Wir sind auf Gemeinschaft hin angelegt
und können uns und unseren gemeinsamen
Nenner
erst im Miteinander erkennen und freilegen.

Das setzt voraus, dass wir für die Schätze
in uns, für den Reichtum des Guten
empfindsam werden.

Wir sollten wissen und spüren:
Wir sind kostbar.
Wir sind Schätze.

Was brauchen Gespräche?

Gute Gespräche leben
vom gegenseitigen Zuhören.

Daraus folgt, dass die Faktoren,
die ein gutes Zuhören behindern,
möglichst ausgeschaltet werden sollten.

Gute Gespräche leben
von der feinfühligen Präsenz der Beteiligten.

Manchmal fühlen und reden wir schneller
als wir denken.

Gute Gespräche schaffen Raum
Gesagtes zu korrigieren oder
genauer auszudrücken.

Gute Gespräche entnebeln uns,
stärken unser Vertrauen,
schärfen und weiten unseren Blick.

In guten Gesprächen dominiert
nicht der Wunsch bestätigt zu werden
oder Recht haben zu wollen,
sondern mitfühlendes Verstehen.

In guten Gesprächen gibt es nur Gewinner.

Es ist gut, Gesagtes möglichst nicht zu
bewerten.

Das ist nicht einfach, sorgt aber für ein Klima
der Nähe und Weite.

Oft packen wir uns selbst und andere in ein
Raster,
das die Realität vergröbert und verzerrt.

Gesprochene Worte werden gewichtiger,
wenn sich die Tonlage stimmig anfühlt.

Gute Gespräche haben Atempausen
und Gedankenstriche.

Manchmal ist es in Gesprächsrunden
schwierig,
Wesentliches zu benennen.

Momentane Impulse schieben
sich oft in den Vordergrund.
Ich habe eine Gesprächsform erprobt,
die ich *Wurzelgespräch* nenne.

Grundsätzlich geht es darum,
Rahmenbedingungen zu schaffen,
die es Gesprächsteilnehmer-/innen
ermöglicht,
sich spielerisch und schöpferisch
springenden Punkten anzunähern.

Ein Wurzelgespräch kann in folgenden
Schritten ablaufen:
Jeder schreibt ein bedenkenswertes Wort
auf einen kleinen Zettel.

In Kleingruppen können es
auch zwei oder drei Worte sein.
Das kann auch anonym geschehen.

Danach werden die Zettel gemischt.
Nun hat jede/-r Gesprächsteilnehmer/-in
die Möglichkeit, sich einen Zettel zu ziehen.

Dann liest die erste Person
das erste Stich- oder Wurzelwort vor.

Nun hat jeder die Möglichkeit,
etwas zu diesem Wurzelwort anzumerken.
Jeder sollte sich jedoch
auf circa drei Sätze beschränken.

Jedes Wurzelwort wird auf diese Weise
zum Thema gemacht.

Abgerundet wird ein Wurzelgespräch
durch eine Abschlussrunde.

Jeder kann andeuten, was einem
bedenkenswert
oder wichtig erscheint.

Dabei kann man sich
von den Wurzelworten lösen.

Jedem/r Gesprächsteilnehmer/-in sollte
die gleiche Redezeit eingeräumt werden.

Herzensspiegel

Schlüsselfragen zur Selbsterkundung

Es kann hilfreich sein, sich folgende
oder ähnliche Fragen öfter zu stellen,
um
sich selbst näher zu kommen.
Sie können auch Gespräche bereichern.

Wer einige der folgenden Fragen beherzigt,
wird feinsichtiger
für die eigenen Herz- und
Lebenslandschaften.

Welche Wolken wandern in mir?

Welche Gefühlswellen wühlen in mir?

Was überschwemmt oder zerstreut mich?

Was beunruhigt mich?

Wer oder was engt mich ein?

Wie denke, rede, fühle ich?

Wie liebe ich mich?

Woran hänge ich mich?

Was will ich verändern?

Wo will ich hin?

Wie lebe ich meine Einsichten?

Welche Absichten leiten mich?

Was ist mir klar?

Worauf vertraue ich?

Wie löse ich mich von Anhaftungen?

Was möchte ich verändern oder erneuern?

Wie weite ich mein Herz und meinen
Horizont?

Was brauche ich wirklich?

Wie befreie ich mich von dem,
was mir nicht gut tut?

Was probiere oder wage ich?

Wofür bin ich dankbar?

Was macht mir Mut?

Was erfreut mich?

Was fühlt sich gut an?

Was schenkt mir Ruhe und Geborgenheit?

Wie stärke ich mein Selbstvertrauen?

Welche Farben leuchten in mir?

Wo ist mein Anker?

Wer bin ich?

Welche Schätze sind in mir?

Diese Fragen können zur Selbstbesinnung
einladen.

Umfrage: Liebe

Was fällt dir zum Stichwort *Liebe* ein?

In den Sommermonaten 2018
machte ich in der Hamburger Szene
eine Umfrage, stellte die obige Frage
und bat Leute unterschiedlicher
Semester, mir ein oder
zwei Worte zu nennen.

Das Überraschende war für mich,
dass alle Lust auf die Frage signalisierten
und mindestens ein Wort
zum Besten gaben.

Es überraschte mich ebenso,
dass fast alle etwas anderes sagten.

Hier eine inspirierende Auswahl:

„Vertrauen,
Schmerz,
verzwickt,

ankommen,
Wärme,
Heimat,

Gefühle,
Herzschmerz,
Innigkeit,

Stress,
Akzeptanz,
angenommen werden,

Geborgenheit,
Harmonie,
Glückseligkeit,

loslassen,
Intimität,
verstehen,

schwierig,
Komplikationen,
Ehrlichkeit,
verbindlich,

alle,
Vollkommenheit,
Energie,
Tiefe,
Seele,

teilen,
Rätsel,
Unendlichkeit,
bedingungslos."

Vertrauen wurde sechsmal genannt,
Schmerz zweimal.

Zu diesen Einfällen passt
ein Schlüsselsatz,
der mich schon lange begleitet:
„ Ich werde am Du."

Er stammt aus der Feder des jüdischen
Philosophen
Martin Buber und leitet

das nächste Kapitel ein.

Welche Wünsche tun mir gut?

Vielfältige Wünsche bestimmen uns,
treiben uns an, das zu suchen,
was uns erfüllen und beglücken soll.

Und wenn sich unsere Wünsche erfüllen,
tauchen neue Wünsche auf.

Wenn wir unseren Traummenschen
gefunden haben,
wünschen wir uns,
dass Schatzi uns gut bekocht
oder mit Streicheleinheiten versorgt
oder uns möglichst oft begleitet beim Gassi
gehen.

Wir können in
eine Spirale des Wünschens geraten,
die kein Ende findet,
die ins Unersättliche mündet.

Diesen Befund bringt für mich
Wilhelm Busch prägnant auf den Punkt:

„Erfüllte Wünsche
kriegen Junge,
viele wie die Säue."

Wünsche können uns aufwühlen,
uns ungeduldig und ruhelos machen,
besonders dann,
wenn sie nicht erfüllt werden.

Manche Wünsche nisten
sich in uns ein.
Wünsche nähren Bilder und Träume
und gemischte Gefühle, die oft oder
manchmal in Enttäuschungen
münden.

Positiv ausgedrückt:
Wer enttäuscht wird, hat
möglicherweise eine Täuschung
weniger, ist also
der Wahrheit nähergekommen.

In meiner Laterne
habe ich die Weisheit
eines Dichters und Orientalisten
aus dem 19. Jahrhundert,
den ich sehr schätze,
Friedrich Rückert:

„Glück ist da,
wo Wünsche stille stehen."

Diese Weisheit habe ich oft bedacht.

Übertragen auf den Alltag einer
Zweierbeziehung
stelle ich mir eine Situation vor,
in der keiner vom anderen etwas
verlangt,
in der keiner darauf erpicht ist,
vom anderen etwas bekommen zu
wollen, in der
die Partner einfach nur da sind und
ihre Präsenz empfinden,
wertschätzen und miteinander teilen.

Im Lichte der Weisheit von
Friedrich Rückert
leuchten Wünsche auf,
die keine innere Unruhe erzeugen.

Wünsche, die frei von Störgefühlen und
unabhängig von Gefühlsschwankungen sind.

Wünsche, die nicht in der Zukunft,
sondern in der Gegenwart
ihren Schwerpunkt haben.

Ich habe
vor diesem Hintergrund versucht,
einige Wünsche zu formulieren.

Sie können mich wach machen für
Wesentliches.

Inspiriert von Vincent van Gogh,
der in einem Brief von *Wurzelsätzen* spricht,
nenne ich sie *Wurzelwünsche.*

Wurzelwünsche

Möge ich Frieden spüren,
frei, klar und gelassen sein
im Licht der Gegenwart.

Möge ich Liebe spüren,
wohlwollend mitfühlen
und mein Vertrauen vertiefen.

Möge ich Freude spüren,
mich befreien und dankbar entfalten,
mich beflügeln und weiten.

Möge ich die Quellen des Friedens,
der Liebe und der Freude erkunden
und aus ihnen schöpfen.

Möge ich friedvoll, liebevoll und freudvoll
leben.

Möge mein Leben im Miteinander gelingen.

In diesen Wurzelwünschen deute ich
springende Punkte der Lebenskunst an.

Sie laden mich ein,
mich feinfühlig wahrzunehmen,
meine Herz- und Lebenslandschaften zu
erkunden
und Wertvolles zum Leuchten zu bringen.

Frieden, Liebe und Freude
sind für mich wechselseitig aufeinander
bezogen.
Sie bilden eine innere Einheit.

Ohne Frieden keine Liebe und keine echte
Freude.

Ohne Liebe kein Frieden.
Frieden und Liebe ohne Freude
sind für mich nicht vorstellbar.

Vor dem Hintergrund der Beschäftigung
mit unterschiedlichen Philosophien
und Kulturen habe ich
diese Wurzelwünsche geschrieben.

Besonders inspiriert hat mich Buddhas Rede
von der „Liebenden Güte",
von der es unterschiedliche Übersetzungen
gibt.

Buddha betont zugleich, wie wichtig es ist,
unser Denken und Wünschen zu verstehen,

zu verheilsamen und weitherzig
auf andere Lebewesen zu beziehen.

Es ist wichtig, Schritt für Schritt
andere Menschen und Lebewesen
in unser Wünschen miteinzubeziehen.

Die Wurzelwünsche berühren
Schlüsselfragen,
die ich in den folgenden Passagen beleuchten
möchte.

Wer Frieden, Liebe und Freude spüren
möchte,
sollte Schritte Richtung *Innehalten* machen.

Was verbinde ich mit *Innehalten*?

Innehalten ist für mich eine Kunst,
die ich schrittweise einüben kann.

Wenn ich innehalte,
sammle ich mich.
Ich steige aus dem Hamsterrad der Hektik
aus
und komme zur Ruhe.

Ich komme an bei mir und in mir.
Ich schenke mir Atempausen
und schöpfe Kraft aus meiner Tiefe.

Mein Körper und Gefühlsregungen,
meine Denkbewegungen
entspannen sich.

Ich muss nichts tun.
Ich lasse mich sein.

Ich versuche loszulassen,
Vergangenes und Künftiges.
Ich komme an im Licht der Gegenwart.

Wer innehält,
macht Schritte Richtung Herzensmitte
und schafft ein Klima des inneren Friedens.

Frieden?

Frieden ist für mich zu allererst innere Ruhe
oder Herzensfrieden.

Er steht für die Erfahrung, dass ich in mir,
in meiner Herzensmitte ruhen kann.

Innerer Frieden ist für mich verbunden
mit innerer Freiheit.

Ich habe einen großen Spielraum des
Denkens.

Ich kann mein Denken lenken.

Ich muss nicht
auf jeden Denk- oder Fühlimpuls einsteigen.

Ich kann meinen Blick weiten.

Die dunklen Wolken meiner Sorgen,
Ärger und Angstimpulse
können weiterziehen.

Sie ziehen sogar schneller weiter,
wenn ich mir bewusst mache,
dass es hinter den Wolken
einen lichtvollen blauen Himmel gibt.

Diese Weite kann ich mir vergegenwärtigen,
wenn ich mich innerlich kläre.

Das betont Buddha mit dem Schlüsselsatz:
„Lass deinen Geist still und klar werden
wie einen Teich im Walde."

Emotionen können mich aufwühlen
und meinen Blick trüben.

Innere und äußere Stille
können ein Klima der Klarheit schaffen.

Dazu passt die Einsicht
von Dietrich Bonhoeffer:

„Es liegt im Stillesein
eine wunderbare Macht der Klärung,
der Reinigung, der Sammlung auf das
Wesentliche."

Stille sein ist verbunden
mit gestillt sein.

Ich bin ganz angekommen
im Licht der Gegenwart.

Was innere Stille sein kann,
hat der indisch - amerikanische Dichter
Dahn Gopal Mukherjee
mit einem klaren Bild
auf den Punkt gebracht:

„Mein Herz, du sollst nicht
wie ein Rad sich drehen,
sondern stille stehen wie der Mittelpunkt.
des Rades.
Wenn die Mitte
nicht ruht,
kann das Rad nicht kreisen."

In meinen Worten formuliert:

Mein Leben kann dann gut rollen,
wenn ich meine Herzens- und Lebensmitte
entdeckt habe und mich
in ihr zentriere.

Je mehr ich in meiner Mitte zentriert bin,
umso reibungsloser kann
das Rad meines Lebens laufen.

Liebe?

Es gibt für mich zwei Wortbrücken,
die Frieden, Liebe und Freude eng
miteinander
verbinden:
Vertrauen, Mitfühlen und Loslassen.

Vertrauen ist für mich zunächst
Selbstvertrauen.
Selbstvertrauen setzt Selbsterkundung
und Selbstliebe voraus.

Wer sich selber liebt, kann sich
ganzheitlich bejahen und annehmen.

Das ist eine Lebensaufgabe,
die einem Stufenweg gleicht.

Es kann auch hilfreich sein,
das eigene Selbst- und Lebensbild mehr als
einmal
zu hinterfragen und zu korrigieren.

Vertrauen und Verstehen sind für mich
Geschwister.

Wer sein Vertrauen vertieft,
vertieft auch sein Verstehen.
Vertrauen ist eine zarte Pflanze.
Sie braucht treue Pflege, Wurzeln und Weite.

Wachsendes Vertrauen schenkt Halt.
Wer inneren Halt hat, kann loslassen.

Ein starkes Vertrauen kann mir Kraft geben,
Schwierigkeiten und Hindernisse
im Leben zu überwinden.

Diese Erfahrung hat offenkundig die jüdische
Schriftstellerin
Hilde Domin gemacht, die auf der Flucht vor
den
Nazis war.

Sie schreibt im Vorwort zu ihren Essays:

„Das Hauptwort in meinen Lebensberichten
ist Vertrauen,
widerständiges Vertrauen,
Dennoch - Vertrauen."

Tiefes Vertrauen kann mich stark machen.

Vertrauensstärke öffnet und schärft meinen
Blick
für den Reichtum des Guten in mir und in
anderen.
Sie vertreibt Angstimpulse und schenkt Halt.

Gelebtes Vertrauen ist
auch mitfühlendes Vertrauen,
das dem anderen wohlwollend
entgegenkommt.

Beim Mitfühlen geht es nicht darum,
sich die Gefühle des anderen anzueignen,
sondern empfindungsfähig zu werden
für die Herzens- und Lebenswelt eines
anderen.

Wer mitfühlt, weitet sein Herz.
Mitfühlend kann ich
die Käseglocke meines Ego verlassen.

Liebe ist für mich wesentlich mit
der Kunst des Loslassens verbunden.

Ich bohre mich nicht in Gefühlen fest,
sondern ich schaffe einen Raum,
in dem sich liebevolles Verstehen und
Loslassen
ereignen kann.

Manchmal sind es alte Geschichten,
in die wir verstrickt sind:
Ärger, Wut oder Verlusterfahrungen,
die nachwirken.

Oder wir sind fixiert auf Pläne,
Ideale oder Träume,
die uns von der Gegenwart ablenken.

Der bedeutende Lehrer Jack Cornfield
schreibt:
„Das Alte freizugeben bedeutet,
dass das Neue geboren werden kann."

Es ist für mich lebenswichtig zu schauen,
woran hänge ich mein Herz.

Dazu fällt mir eine Weisheit
aus Hamburg-Wandsbek ein
von Matthias Claudius:
„Hänge dein Herz nicht ans Vergängliche."

Wer loslassen lernt,
wird nachsichtig und übt sich im Verzeihen.
Auf diese Weise kann eine Weite entstehen,
in der ich mich im Miteinander erneuern kann.

In den Zeilen von Paula Modersohn-Becker
wird etwas von dieser Weite spürbar.

„Ist Liebe nicht tausendfältig?
Ist sie nicht wie die Sonne,
die alles bescheint?"

Freude?

Seit Jahren habe ich eine Weisheit
zum Thema Freude in meiner Sammlung.
Sie stammt von dem persischen Dichter
Hafis:

„Du besitzt alle Zutaten, um dein Leben
in Freude zu verwandeln. Mische sie."

Einige Zutaten habe ich angedeutet:
Tiefer Frieden, innere Freiheit und Klarheit,
Vertrauenskraft, Halt, mitfühlendes Verstehen,
wache Präsenz sowie die Kunst des
Loslassens.

Zu diesen Zutaten passt die Weisheit
Buddhas:

„Echte Freude wächst nicht aus Eigentum,
sondern aus einem weisen und liebevollen
Herzen."

Ich möchte noch ein paar Zutaten ergänzen.
Mindestens eine Zutat ist in einem Satz
enthalten,
den ich kürzlich in Dithmarschen
aufschnappte.

Ich suchte mein idyllisch gelegenes
Elternhaus am Albersdorfer Wald auf
und besuchte dort mit meiner Schwester
Renate
meine 91-jährige Mutter.

Auf meine Frage hin,
was ihr zum Stichwort *Freudenquelle*
einfalle, antwortete sie:

„Ich kann auch über Scheiße lachen."

An dieser Stelle möchte ich ein wenig
innehalten.

Dieses fragwürdige Fluchwörtchen war einige
Jahre,
vielleicht auch Jahrzehnte lang,
mein
alltagserprobtes Mantra.

Was wäre die deutsche Sprache ohne dieses
Wort?

Vor gut zwanzig Jahren an der Hochschule
für Theater und Musik in Pöseldorf
lernte ich dieses Kraftwort inniger lieben.

Dort bereiteten sich die Hamburger
Poetry Slamer auf den National Slam
in München vor.

Ein Professor für Schauspiel motivierte uns,
ganzheitlich, voller Inbrunst und mit Biss
„Scheiße" zu schreien.

Die Quintessenz dieser therapeutischen
Übung
kann ich prägnant zusammenfassen:

Wer das Wörtchen „Scheiße"
hemmungslos, ekstatisch
über die Lippen zu bringen vermag,
kann sich
eine einzigartige Freiheitsoase erschließen-
mit mindestens einer Freudenquelle.

Meine jüngeren Geschwister
erinnern mich manchmal
an einen Spruch, den ich ihnen
mit auf den Lebensweg gegeben habe:

„Scheiße kann auch Dünger sein,
in der Scheiße wachsen Blumen."

Eine weitere Freudenzutat lernte ich
näher kennen,
als ich fast eine Woche an einem Retreat
mit dem Zenlehrer Tich Nhat Hanh teilnahm.

In der weiträumigen Retreat-Scheune
hing ein großes Transparent mit einer Weisheit
von Thich Nhat Hanh:
„Dankbarkeit ist die Wurzel der Freude."

Ich merkte nach und nach,
dass der Schöpfer dieser Einsicht
wesentlich mehr damit verband, als
ich bisher wahrnehmen und empfinden
konnte.

Ich begann schrittweise zu lernen,
das bewusste Ein- und Ausatmen
als Quelle der Freude zu empfinden.

Die Inhaltsfülle des Wortes Dankbarkeit
reicht noch weiter.
Sie steht für eine Grund- und Geisteshaltung
dem Leben gegenüber.

Sie befähigt mich, mein Leben
als Geschenk zu betrachten,
auch wenn ich mich
durch Leidvolles bedroht fühle.

Das wird spürbar in den Aufzeichnungen
des tief- und weitherzigen Menschen Leo
Baeck.

Im KZ Theresienstadt hielt er
auf einem Dachboden
einen Vortrag, in dem die Dankbarkeit
im Mittelpunkt stand. Er betonte:

„Dankbarkeit sucht und erhofft ein Gutes
und wird so zur Empfänglichkeit für das
Gute."

Wer sein Leben vom Blickpunkt
der Dankbarkeit aus zu betrachten lernt,
entwickelt Antennen für die Nähe
und Präsenz des Guten.

Dankbarkeit macht mich offener
und feinfühliger für das Gute.
In diesem Spür- und Erfahrungsraum hat
Leidvolles nicht das letzte Wort.

Karl May überraschte mich angenehm
mit einer Einsicht in seinen
„Himmelsgedanken":

„Wer die Güte Anderer für selbstverständlich
hält,
wird nie recht dankbar sein können."

An dieser Stelle möchte ich nochmal meine
Mutter
zitieren, die weitere Freudenzutaten
hervorhob:
„Danken, Loben, Singen."

Wer mit dankbarem Herzen singt,
singt freudvoller.

Ich frage
mich, ob wir
unser Freudenpotenzial gut ausschöpfen.

Ich möchte mit einer Beobachtung antworten,
die ich oft gemacht habe
und bemerkenswert finde.

Manchmal nehme ich
eine Gruppe von Leuten war,
in der die Stimmung
eher tief im Keller ist.

Und plötzlich sind die meisten wie
verwandelt,
Freudentränen fließen.
Was war passiert?
Einige ahnen es.
Es fiel ein Tor für die richtige Mannschaft.

Was folgere ich daraus?

Wir haben alle ein tiefes Bedürfnis,
uns zu freuen.

Wir suchen
nach Klimazonen oder Rahmenbedingungen,
die die Entfaltung erwünschter Emotionen
begünstigen.

Die Wurzeln der Freude wachsen im Kopf
und sind mit Entscheidungen und
Gewohnheiten verquickt.

Ich entscheide mich für eine Sportart
und kenne die wichtigsten Spielregeln.

Ich entscheide mich für einige Farben
und den passenden Verein oder umgekehrt.

Beispiele aus anderen Lebensbereichen
ließen
sich ergänzen.

Die obige Beobachtung zeigt mir,
dass wir
ein unerschöpfliches Freudenpotenzial haben.

Wenn wir für eine gute innere
und äußere Klimazone sorgen,
können wir unsere
Herz- und Lebenslandschaften
in Gärten verwandeln,
in denen Lotusblumen
keimen oder blühen,
unabhängig von Fußballergebnissen.

Das klingt einfacher als es ist.
Wir haben die Neigung,
das bequeme Bett
unserer Gewohnheiten nicht zu verlassen.

Was vielen schwerfällt, sind Veränderungen
der Denk-, Fühl- und Lebensgewohnheiten.

Unterstützende Freundeskreise oder
Gemeinschaften
können diesbezüglich einiges vereinfachen
und
sie ermuntern zur Mitfreude.

Deshalb betrachte ich den Mut,
Neues zu wagen und
möglicherweise auch im Miteinander zu
erproben
als eine weitere Freudenzutat.

Glück?

Am 24.5.1943 schreibt Maria von Wedemeyer
an ihren Verlobten Dietrich Bonhoeffer:

„Weißt du, ich glaube das Glück
sitzt tief und fest innen drin,
so weit kann das Leid
einfach gar nicht reichen,
auch wenn das manchmal
übergroß erscheint."

Für Maria von Wedemeyer ist Glück
offenbar etwas, das nicht zufällig
auf einen zukommt,
sondern eine innere Quelle,
die trotz mancher Widrigkeiten spürbar ist.

Das tief empfundene Glück
in der Tiefe des Herzens
ist stärker als alles andere.

Mich erinnert diese Perspektive
an eine Glücksdefinition
des indischen Weisen Yogananda:

„Glück ist
eine innere Verfassung,
die gelebt werden will."

Diese innere Verfassung kann
verdeckt und verdunkelt werden
durch mein Erleben, meine Denk-,
Fühl- und Lebensgewohnheiten.

Es kann ein wichtiger Schritt sein,
sich möglichst gut zu erkunden und
für das Vorder- und Hintergründige,
für die Licht- und Schattenseiten
der eigenen Herzlandschaften
wacher zu werden.

Mir ist es wichtig,
wach und feinsichtig zu werden
für das Kostbare des Lebens.

Meine Wurzelwünschezeilen
habe ich in der Absicht formuliert,
diese inneren Qualitäten und Quellen
spürbarer zu machen.

An dieser Stelle möchte ich an ein Wort
anknüpfen, das meine Mutter
zum Stichwort Freudenquellen erwähnte.

Sie sprach von „Loben" und dachte
dabei an das Lob Gottes.

Der Sinn des Lobes kann sich auch dem
erschließen, der mit dem Wort „Gott"
nichts oder wenig anfangen kann.

Wer das Leben mit den Augen der Liebe
betrachtet und seinen Blick
für die Fülle des Guten schärft,
öffnet sich für das Lobenswerte.

Loben und Lieben
hängen zusammen,
auch in wortgeschichtlicher Hinsicht.

Wer lobt, ist wach geworden für das,
was zutiefst liebenswert ist
und bringt es zum Ausdruck.

Ich bringe mich lobend
auf den springenden Punkt.

Wer aus seiner Herzensmitte
dankt und lobt, vergegenwärtigt
die Quelle und Fülle des Guten.

Diese Orientierung kann man
von der Jüdin Etty Hillesum lernen.

Ihr lebendiges Tagebuch hat mich sehr
bereichert.
Sie schreibt in der Zeit der Verfolgung 1943:

„Mir ist, als würde
mein innerer Reichtum immer größer."

Den Einklang des Guten deutet
Vincent van Gogh in einem Brief
aus dem Jahre 1881 an:

„Mein Leben und
meine Liebe sind eins."

Das ist Glück auf den Punkt gebracht.

Leben?

Ich erinnere mich gerne an eine Notiz
von Dietrich Bonhoeffer aus der Zeit seiner
Haft:

„Jesus ruft nicht zu einer neuen Religion auf,
sondern zum Leben."

Damit verbinde ich eine klare Sinn-
und Zielorientierung und Lebensfülle.

In einem Brief von 1923 erinnert
Rainer Maria Rilke an einen Lebensaspekt,
der selten thematisiert wird:

„Wie der Mond so hat gewiss das Leben
eine uns dauernd abgewendete Seite,
die nicht sein Gegenteil ist,
sondern seine Ergänzung."

In der Optik Rilkes ist das Leben
auch etwas Geheimnisvolles.

Offenbar kann ich nur eine Seite des Lebens
deutlich wahrnehmen, die andere Seite
scheint
weitgehend verschlossen zu sein.

Hochachtungsvoll und feinfühlig
kann ich mich diesem Geheimnis nähern.

Wer sein Leben als Geschenk
zu betrachten lernt, weitet seinen Horizont.

Das zeigen die Briefe
des Philosophen Theodor Haubach.
Er versteht sich in einem Brief als
„Schüler der großen Liebe",
weil er sein erlebtes Leben als
Geschenk und Wunder der Liebe empfand.

Ich denke an den Zuspruch:
„Die Liebe hört niemals auf."

Vor diesem Hintergrund kann ich das Leben
als Geheimnis der Liebe empfinden.

Dazu bemerkt Franz Kafka:
„Ich habe zu allem ja gesagt.
So wird das Leid zum Zauber und
der Tod - der ist nur ein Bestandteil
des süßen Lebens."

Worauf kommt es an?

Für mich kommt es darauf an,
mich immer wieder neu
in den Lichtkegel
der Gegenwart zu bringen:

Vergangenes und Künftiges
loszulassen und
in die Kraft meiner Mitte zu kommen.

Es kommt für mich darauf an,
dankbar zu werden
für das Geschenk meines Lebens
in jedem Augenblick.

Es ist mir wichtig,
mich gut zu erkunden,
meine Licht- und Schattenseiten
wahrzunehmen,
meine Schätze zu entdecken
und ihnen Raum zu schenken.

Wer seine inneren Qualitäten entdeckt,
wird wacher
für den Reichtum und Einklang des Guten
in sich selbst und in anderen.

Es ist mir wichtig,
für ein Klima zu sorgen,
in dem Frieden, Liebe und Freude
wachsen können.

Ich kann meine Lebensvollzüge
und mein Gefühlsleben
entscheidend beeinflussen und verändern.

Es ist mir wichtig,
Schritte des Vertrauens zu wagen
und mich dem Mittelpunkt
meiner Herz- und Lebenslandschaften
anzunähern.

Wer sein Vertrauen vertieft,
gewinnt Halt
und kann sich weiten.

Herzgeistöffner

Die Herzgeistöffner können
zum Innehalten einladen
und zu unterschiedlichen Anlässen
bedacht und vorgetragen werden:
In Familien- oder Freundeskreisen.

Unter dem Titel „Lebenskunst"
habe ich Kerngedanken dieses Buches
zusammengefasst.

Die Wünsche „Fürs Neue"
passen zu Geburtstagen.
Sie können individuell verändert werden.

Die Herzgeistöffner „Liebeskunst"
oder „Lieben" können Feiern oder
das Miteinander auf Kennenlern-
oder Hochzeitstagen bereichern.

Es ist gut,
Wichtiges zu wiederholen
und dadurch zu verankern.

Das gibt langfristig Halt und Geborgenheit.

Lebenskunst

Liebe ist dein Lebensschatz:
Mache für Vertrauen Platz.
Werde wach bei jedem Start,
komme in die Gegenwart.

Nähre die Gelassenheit.
Feier deine Dankbarkeit.

Erkunde dich und wage Schritte
in die Weite Richtung Mitte.

Lerne auf die Schätze schauen,
auf ein Miteinander bauen.

Liebe, spüre und verstehe,
schütze und vertiefe Nähe.

Verschärfe deinen Blick für Leid,
entfalte deine Menschlichkeit.

Lebe ehrlich, freudvoll, echt,
aufgeschlossen und gerecht.

Lerne deine Wünsche stillen,
ohne Ego-Gier und Pillen.

Vereinfache den Lebensstil:
Befreie dich von dem Zuviel.

Lieben

Lieben heißt,
feinsichtig wahrnehmen und mitfühlen,
vertrauen und verstehen,

bejahen und annehmen,
entnebeln und entscheiden,

empfangen und geben,
Wertvolles hegen und pflegen,

nachsichtig und sanftmütig
miteinander umgehen,

verzeihen und neu anfangen,
gegenwärtig werden und loslassen.

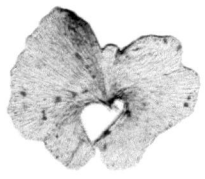

Liebeskunst

Liebe ist die Lebensquelle,
die uns trägt auf jeder Welle.

Sie will unser Herz erfüllen,
uns erwärmen und umhüllen.

Liebe braucht nicht schönen Schein,
will im Licht der Wahrheit sein.

Ist die Liebe sanft und echt,
fühlt sie mit und ist gerecht.

Liebe will Vertrauen wagen,
Reichtum schöpfen, schenken, tragen.

Liebe ist der Quelle treu.
Sie verzeiht, befreit, macht neu.

Liebeskunst schafft Raum zum Rasten,
bannt die Furcht und kann entlasten.

Stimmen wir die Seelensaiten,
können wir uns wach begleiten,

In den Herzen ist viel Güte,
wächst wie eine zarte Blüte,
wenn wir unsere Wurzeln nähren
und uns mehr zur Sonne kehren.

Liebe kann durch Täler gehen,
kann entnebeln, klarer sehen.

Sie will nicht mit Worten glänzen.
Sie versteht und öffnet Grenzen.

Ich kann danken, jubeln, hoffen.
Liebe macht mich weit und offen.

Vertrauen

Ich vertraue auf
die Sonne der Liebe,
auf das Licht meiner Mitte,
auf das Echte -
das Sein hinter dem Schein.

Die Sonne der Liebe
ist immer gegenwärtig -
auch, wenn ich sie nicht spüre.

Ich vertraue auf die Stärke der Stille -
auf den Schatz meiner Tiefe.

Im Lichte der Liebe
können wir wachsen
und wach werden
für den Reichtum des Guten,
für das Notwendige, was Not wendet.

Mögen wir
Liebe empfangen und schenken,
Frieden säen und Teilen üben,
dankbar werden und Freude entfachen.

Möge die Sonne der Liebe
unser Vertrauen beflügeln,
unser Verstehen vertiefen
und unser Leben erleuchten.

Fürs Neue

Ich wünsche dir bei jedem Start die Sonne
deiner Gegenwart.

Ich wünsche dir im Herzen Farben,
die eine warme Leuchtkraft haben.

Ich wünsche dir Gelassenheit,
für deine Gaben Mut und Zeit.

Ich wünsche dir für deine Schritte
die Stärke deiner Herzensmitte.

Ich wünsche dir im Herzen Licht
und Freude, Weite, Zuversicht.

Für den Morgen

Auch für Familien

Ich wünsche uns bei jedem Start
das Sonnenlicht der Gegenwart.

Ich wünsche uns im Herzen Farben,
die eine warme Leuchtkraft haben.

Ich wünsche uns Gelassenheit,
Verständnis, Kraft und Leichtigkeit.

Ich wünsche Mut für gute Schritte
und Schätze aus der Herzensmitte.

Ich wünsche uns im Herzen Licht
und Liebe, Freude, Zuversicht.

Für die Nacht

Ich schenke meiner Ruhe Raum,
in mir erblüht ein Friedenstraum
und Liebe, die mich ganz erfüllt,
mich erwärmt und sanft umhüllt.

Ich lasse alles einfach sein,
geborgen schlafe ich nun ein.

Wurzelwünsche

Mögen wir Frieden spüren,
frei, klar und gelassen sein
im Licht Gegenwart.

Mögen wir Liebe spüren,
wohlwollend mitfühlen
und unser Vertrauen vertiefen.

Mögen wir Freude spüren,
uns befreien und dankbar entfalten,
uns beflügeln und weiten.

Mögen wir die Quellen des Friedens,
der Liebe und der Freude erkunden
und aus ihnen schöpfen.

Mögen wir friedvoll, liebevoll und freudvoll
leben.

Möge unser Leben im Miteinander gelingen.

Wer sind wir?

Wir sind mehr als die Gefühle,
im Getöse und Gewühle.

Wir sind mehr als andere denken,
brauchen uns nicht zu verrenken.

Wir sind mehr als schöner Schein,
können frei von Blendung sein.

Wir sind mehr als blinde Rudel,
mehr als Egogiergedudel.

Wir sind kostbar, wir sind gut.
Einzigartig. Wir sind Mut.

Wir sind Frieden, wir sind Kraft,
die verbindet, Echtes schafft.

Leere Flaschen sind wir nicht,
wir sind Flamme, wir sind Licht.

Innehalten

Ich halte inne,
komme zur Ruhe
und sammle mich.

Ich komme an
und schöpfe Atem
im Licht meiner Gegenwart.

Dankbar öffne ich mich
für den Raum der Stille in mir,
für den Frieden in meiner Mitte,
für den geschenkten Augenblick.

Liebevoll
umarme ich alles,
was in mir ist,
meine Sorgen, meine Ungeduld,
meine Wut-, Ärger- und Angstimpulse.

Ich versuche mich ganz
anzunehmen
und schenke mir Raum.

Ich versuche
nachsichtig zu sein,
zu verzeihen,
mir und anderen,
und loszulassen.

Im Licht der Liebe
weite ich mich:
Liebe erfüllt mich,
durchdringt und erwärmt mich.

Ich lasse mich
von der Sonne der Liebe
erleuchten.

Zuversicht

Es gibt Schritte, die sind schwer.

Unser Herz gleicht einem Meer,
Wellen wühlen kreuz und quer.

Stimmen aus der Tiefe klagen.
Fragen tauchen auf und nagen.

Wir sind sprachlos, ohne Worte
und wir suchen stille Orte.
Können vieles nicht verstehen,
keine Horizonte sehen.

Wir wünschen uns Geduld und Zeit,
Vertrauen und Gelassenheit.

Wir wünschen uns im Herzen Licht,
Weite, Kraft und Zuversicht.

Lebensgeheimnis

Ich sage einfach: „Großes Du.
Du bist mir nah und hörst mir zu.
Du Schatz der Liebe, Lebenslicht.

Du bist der Urgrund, Zuversicht,
die Quelle aller Menschlichkeit,
der Frieden der Geborgenheit.

Du bist Flamme meiner Mitte,
bist der Einklang meiner Schritte.

Du bist stets an meiner Seite.
Du bist Anker. Du bist Weite.

Mein Herz vertieft, entfaltet sich.
Du bist Geheimnis: Wurzel-Ich.

Mutmacher

„In meiner Mitte bin ich gut.
In meiner Mitte bin ich Mut.
In meiner Mitte bin ich Kraft,
die Liebe sät und Frieden schafft."
Cornelius Bless

„In der Schatzkammer deiner Seele
liegen unendlich kostbare Dinge,
die niemand dir fortnehmen kann."
Oskar Wilde in Anlehnung an Jesus

„Wenn man alles, was einem begegnet,
als Möglichkeit zu innerem Wachstum
ansieht, gewinnt man innere Stärke.
Milarepa

„Wenn wir
an unsere Stärke glauben,
werden wir täglich stärker.“
Mahatma Gandhi

„Ich will mir meinen Mut
durch nichts nehmen lassen.
Ich besitze unantastbare Freuden.“
Sophie Scholl

„Finde Freude
am Unvollkommenen
und schaue auf das Gute.“
Cornelius Bless

Der letzte Satz fiel mir ein
nach der Fertigstellung meines ersten Buches.

Zum Weiterlesen

Bourne, Jean- Paul (Hrsg.):
Indianische Weisheiten,
München 2000

Dass, Ram:
Die Reise geht weiter,
München 2001

Frankl, Viktor:
...trotzdem Ja zum Leben sagen,
München 1982

Gollwitzer, Helmut (Hrsg.) u.a.:
Du hast mich heimgesucht bei Nacht,,
München 1954

Hesse, Hermann:
Siddharta,
Frankfurt 1979

Hillesum, Etty:
Das denkende Herz der Baracke,
Freiburg 2014

Janosch, Gustav: Gespräche mit Kafka,
Frankfurt 2006

Kierkegaard, Sören:
Was wir lernen von den Lilien auf dem Felde
und den Vögeln unter dem Himmel,
Hamburg 1956

Kornfeld, Jack:
Wahre Freiheit,
München 2017

May, Karl:
Himmelsgedanken,
Berlin 2014

Spinoza, Benedictus de:
Abhandlung über die Verbesserung des
Verstandes,
Hamburg 1977

Scholl, Hans und Sophie:
Briefe und Aufzeichnungen,
Frankfurt 1994

Schutz, Roger:
Ein Fest ohne Ende,
Stuttgart 1971

Susmann, Margarete:
Ich habe viele Leben gelebt,
Stuttgart 1964

Thich Nhat Hanh:
Schritte der Achtsamkeit,
Freiburg 1998

Tolle, Eckhart:
Jetzt! Die Kraft der Gegenwart,
Bielefeld 2000

Wedemeyer, Maria von/ Bonhoeffer, Dietrich:
Brautbriefe,
(Hrg.Ruth Alice von Bismarck)
München 1993

Wilde, Oskar:
Der Sozialismus und die Seele des Menschen
(übersetzt von Hedwig Lachmann und
Gustav Landauer),
Zürich 1970